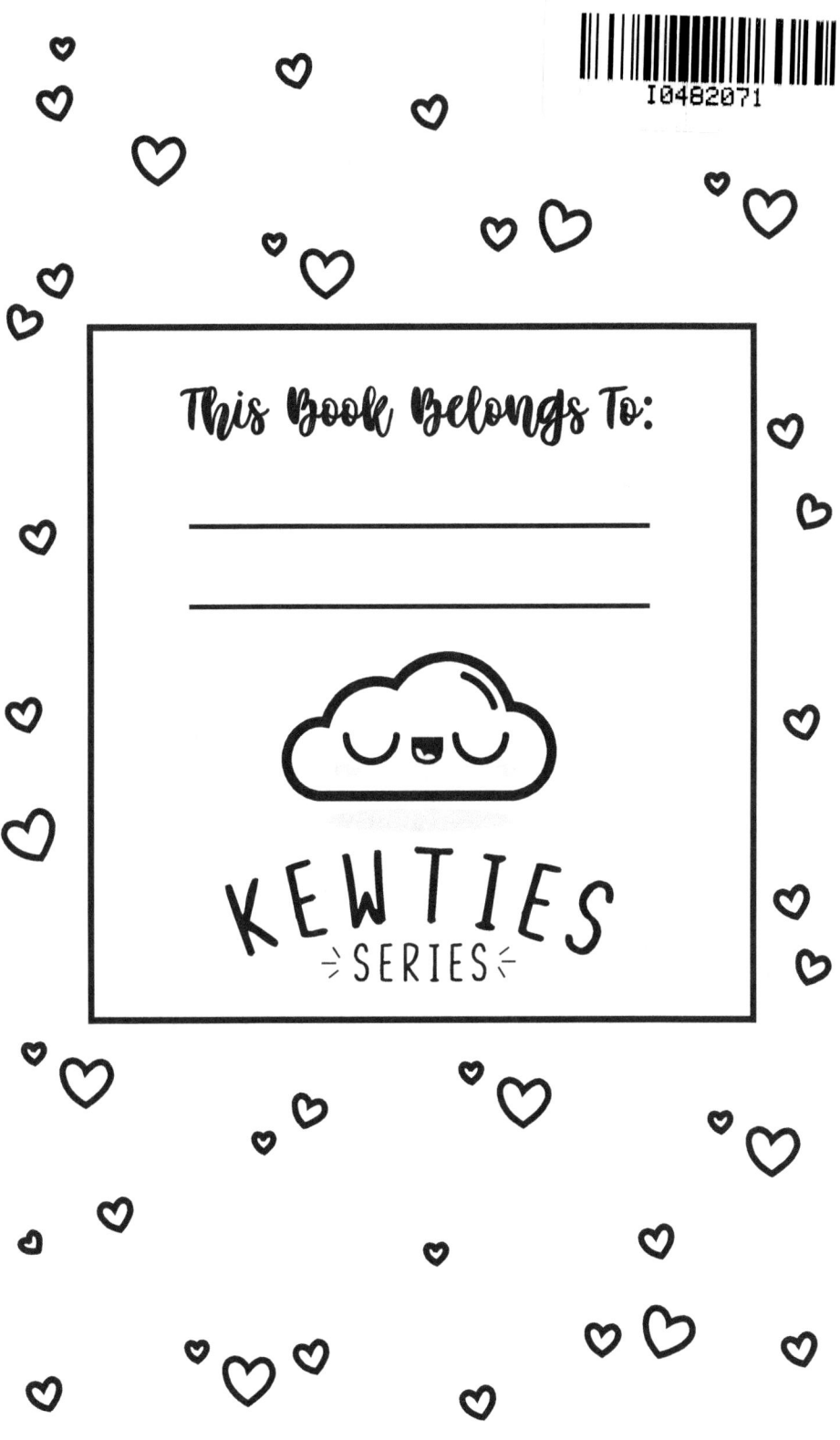

This Book Belongs To:

_____

_____

KEWTIES
⇾ SERIES ⇽

Date _____

Date _____

Date _____

Date _____

Date _____

Date _____

Date _____

Date _____

Date _____

Date _____

Date _____

Date _____

Date _____

Date_____

Date _____

Date _____

Date _____

Date _____

Date

Date _____

Date _____

Date _____

Date_____

Date _____

Date _____

Date _____

Date _____

Date _____

Date _____

Date _____

Date _____

Date _____

Date _____

Date _____

Date _____

Date _____

Date _____

Date _____

Date _____

Date _____

Date _____

Date _____

Date _____

Date _____

Date _____

Date _____

Date _____

Date _____

Date _____

Date _____

Date _____

Date _____

Date _____

Date _____

Date _____

Date _____

Date _____

Date _____

Date _____

Date _____

Date _____

Date _____

Date _____

Date _____

Date _____

Date _____

Date _____

Date _____

Date _____

Date _____

Date _____

Date

Date _____

Date _____

Date _____

Date _____

Date _____

Date _____

Date _____

Date _____